Max Bernstein

Mein neuer Hut - Plauderei in einem Aufzug

Max Bernstein

Mein neuer Hut - Plauderei in einem Aufzug

ISBN/EAN: 9783743601314

Hergestellt in Europa, USA, Kanada, Australien, Japan

Cover: Foto ©ninafisch / pixelio.de

Manufactured and distributed by brebook publishing software
(www.brebook.com)

Max Bernstein

Mein neuer Hut - Plauderei in einem Aufzug

Mein neuer Hut.

Plauderei in einem Aufzug

von

Max Bernstein.

Zum ersten Male aufgeführt im k. Hof= und Nationaltheater
zu München am 12. Dezember 1881.

Leipzig.
Verlag von Philipp Reclam jun.

Deklamatorium. Eine Mustersammlung ernster und heiterer Vortragsdichtungen aus d. Weltlitteratur. Herausgegeben v. Maxim. Bern. Geh. M. 1. — Geb. M. 1 50. — Mit Goldsch. M. 2.

Festspiele. Gesammelt und herausgegeben von Carl Fr. Wittmann. 6 Bände. à Band 20 Pf.

Goldhochzeit Scherz und Ernst. Zum Vortrag und zur Aufführungen in Familienkreisen. Hrsgeg. v. C. Friedr. Wittmann. 20 Pf.

Hochzeit Scherz und Ernst. Zum Vortrag und zur Aufführung in Familienkreisen. Herausgegeben von Carl Friedrich Wittmann. 2 Bde. à 20 Pf.

Jux-Spiele. Gesammelt und herausgegeben von Carl Friedr. Wittmann. 8 Bde. à 20 Pfennig.

Polterabend Scherz und Ernst. Zum Vortrag und zur Aufführung in Familienkreisen. Herausgegeben von Carl Friedrich Wittmann. 4 Bde. à 20 Pf.

Psychodramen. Material für den rhetorisch-deklamatorischen Vortrag von Richard von Meerheimb. 2 Bde. Geheftet à 20 Pf. — In elegantem Leinenband à 60 Pf.

Prologe Scherz und Ernst. Zur Benutzung bei Veranlassungen in Familien, Vereinen und Theatern. Gesammelt, durchgesehen und herausgegeben von Carl Friedr. Wittmann. 20 Pf.

Silberhochzeit Scherz und Ernst. Zum Vortrag und zur Aufführung in Familienkreisen. Hrsgeg. von C. Friedr. Wittmann. 20 Pf.

Solo-Spiele. Gesammelt und herausgegeben von Carl Friedr. Wittmann. 8 Bde. à 20 Pf.

Schulfestspiele aus der Geschichte des Vaterlandes. Für die Dilettantenbühne von Oberlehrer Dr. Leo Bahlsen. 20 Pf.

Toaste Scherz und Ernst. Zum Gebrauch in geselligen Kreisen. Gesammelt, durchgesehen u. herausgeg. v. C. Friedr. Wittmann. 20 Pf.

Vorträge Scherz und Ernst. Zur Belehrung, Belustigung und Unterhaltung in geselligen Kreisen. Gesammelt, durchgesehen und herausgegeben von Carl Friedrich Wittmann. 7 Bde. à 20 Pf.

Mein neuer Hut.

Plauderei in einem Aufzug

von

Max Bernstein.

Zum ersten Male aufgeführt im k. Hof- und Nationaltheater zu
München am 12. Dezember 1881.

Leipzig.

Druck und Verlag von Philipp Reclam jun.

Mein neuer Hut.

.

Perſonen.

Ferdinand Wolf, Advocat.
Helene, ſeine Couſine.
Elſe, Dienſtmädchen.

———————

Helenens Zimmer.

Mittelthüre, Thüre links. — Fenster rechts. — Klavier.

Erster Auftritt.

Helene allein. Verklingendes Klavierspiel.

Helene (sich von ihrem Sitze am Klavier erhebend). Die Musik langweilt mich. (Nimmt ein Buch, liest, legt das Buch weg.) Mein Gott, ist das ein einfältiges Buch! So süß . . . Als hätte man eine Düte Bonbons verschluckt. — Er muß nun bald kommen. — Soll ich die Zeichnung fertig machen? (Zeichnet, hört wieder auf.) Es geht nicht. Ich bin zu unruhig. (Schellt.)

Zweiter Auftritt.

Helene. Elise, jung, hübsch, schwatzhaft.

Helene. Ist mein Vater noch nicht zurück?

Elise. Nein.

Helene. War niemand da?

Elise. Ja.

Helene. Wer?

Elise (lächelt). Meiner.

Helene. Wie?

Elise. Mein Joseph.

Helene. Sie mögen mit Ihrem Bräutigam spazieren gehen, das erlaub' ich, aber Sie sollen keine Besuche von ihm empfangen.

Elise. Das thu' ich auch nicht, Fräulein. Er hat mir nur schnell sagen wollen, daß er endlich eine sehr gute Stelle erhalten hat. Jetzt können wir bald heirathen. Denken Sie nur, wie gescheidt er ist. Der hat einen Kopf! Und eine Handschrift! (Zieht Briefe aus der Tasche, um sie zu zeigen; Helene winkt ihr ab, sie steckt die Briefe wieder ein.) Wie gestochen! Sie können sie im Dunkeln lesen. Also gestern erfährt er, daß der Herr Doctor Wolf einen Schreiber braucht, da ist er gleich hin. Der Herr Doctor ist ja heut' Nacht gerade von der Reise zurückgekommen, da hat er sich heut' in aller Früh gleich vorgestellt und hat sich auf mich berufen.

Helene. Auf Sie?

Elise. Ja, wegen der Recommandation. Herr Doctor, sagt er, der und der bin ich, das und das kann ich und eine Braut hab' ich, mit Namen Elise Hofmann, Dienst=mädchen beim Herrn Doctor seinem Herrn Onkel und Fräulein Cousine. Sie kennen sie vielleicht. — Ich kenne sie, sagt der Herr Doctor, von Ansehen und Renommée und es ist in jeder Hinsicht ein ordentliches Mädchen. — Ist sie auch, Herr Doctor, sagt der Joseph. — Und wegen der Stelle, sagt der Herr Doctor, da wollen wir sehen. — Herr Doctor, sagt der Joseph — denn Courage hat er und eine Lebensart! — Sie entschuldigen, könnten Sie mir nicht die Stelle gleich geben? Es ist mir wegen mei= ner Elise. Ich hab' sie gern, ich will sie heirathen und das Warten ist für nichts gut. Geben Sie mir den Posten gleich, ich stehe meinen Mann, Sie sollen nicht schlecht mit mir fahren, mein heiliges Ehrenwort. — Da lacht der Herr Doctor über dem Herrn Doctor sein ganzes Gesicht und sagt: Gut. Sie scheinen mir ein tüchtiger Mensch zu

sein. Sie haben die Stelle. — Sie haben dann noch so
Verschiedenes miteinander geredet. Der Herr Doctor ist
ein Mann, sagt der Joseph, so was steht nicht wieder auf.
In seiner Freude hat ihm der Joseph unsere ganze Ge-
schichte erzählt, wie er mich zuerst kennen gelernt hat, da-
mals, wo ich am Kirchweihsonntag beim Gedräng ins
Wasser gefallen bin und er hat mich herausgezogen . . .
Aber Sie hören mir ja gar nicht zu, Fräulein.

Helene. Ich habe Kopfweh.

Elise. Soll ich Ihrem Herrn Vater sagen, wenn er heim-
kommt, daß er ein wenig zu Ihnen hereinkommt und sich
umschaut?

Helene. Nein, ich will allein sein.

Elise. Also dann geh' ich. — Ach, Fräulein, es wird
mir doch recht schwer werden, wenn ich auf immer von
Ihnen fort muß. Sie waren immer so gut zu mir. Sie
sind nicht wie andere Herrschaften. Die sagen gleich, wenn
ein Mädchen einen Schatz hat, sie taugt nichts. Als wenn
das eine Sünde wäre, wenn man Einen gern hat. Man
kann ja doch nichts dafür, nicht? Das kann man sich
nicht herwünschen und nicht fortwünschen. Es hätten mich
zehn andere zehnmal aus dem Wasser herausziehen können
und ich hätte sie nicht gern gehabt, und warum? Weil
die andern halt grad' nicht der Joseph sind. (Helene winkt
ihr.) Ja, ich geh' schon. (Ab.)

Dritter Auftritt.

Helene allein.

Helene. Das kann man nicht herwünschen und nicht fortwünschen. (Zeichnet in Gedanken, während sie spricht.) Ich kann
mich der Zeit nicht erinnern, da ich ihn nicht liebte. Seit

Jahren ist dies Gefühl mir so deutlich, seit Jahren seh' ich mein Schicksal in furchtbarer Klarheit vor mir und habe entsagt. — Nun war er zwei Monate entfernt. Ich weiß, daß die Marter von Neuem beginnt, die Qual, ihn täglich zu sehen, zu hören, die Beweise seiner Freundschaft — Freundschaft! zu empfangen. Und doch sehne ich mich nach diesen Schmerzen und erwart' es kaum, seine Stimme zu vernehmen. Er liebt mich nicht, ahnt nichts von meinem Kummer. Freilich verberg' ich's ihm, wie aller Welt. Aber kann denn ein Mann so blind sein? O, ich möchte ihn hassen dafür. Gestern kam er zurück und ist noch nicht hier. Was hab' ich denn da eben gezeichnet? Ein „F"! Ferdinand! Wie thöricht. — Ich begegne ihm oft kalt, schroff . . . Ich weiß mir nicht anders zu helfen. (Es schellt.) Das ist er, (legt die Hand aufs Herz) ich fühle es. (Es klopft.) Herein!

Vierter Auftritt.

Helene. Ferdinand in Toilette.

Ferdinand. Guten Tag, Helene. (Sie geben sich die Hand.)

Helene (immer ganz ruhig). Herzlich willkommen! Wie geht es Ihnen?

Ferdinand. Wie es mir geht? Gut. Wie es mir gehen wird? Das ruhet im Schooße der Götter.

Helene. Wie soll ich das verstehen?

Ferdinand. Sogleich. Vor allem — wie geht es Ihnen? und dem Onkel?

Helene. Gut . . . Wie immer.

Ferdinand. Gut wie immer. Ein kühnes Wort. Aber ganz Ihrer würdig.

Helene. Wie das?

Ferdinand. Würdig der unnahbaren Göttin, die nichts wissen will von den Menschen, nichts von der Welt und ihren Freuden und Leiden. Deren Herz nichts rührt, deren Ruhe nichts erschüttert . . . Die hier in ihrem Tempel, allein mit sich und ihrem Stolze, das Schicksal selbst verachtet, das ihr, der Wunschlosen, nichts geben und nichts nehmen kann.

Helene. Ich danke Ihnen herzlich für diese erbauliche Schilderung, aber sie entspricht der Wirklichkeit nicht. Sie sagen mir ja oft, ich sei eine kalte Natur . . . Vielleicht sehe ich deshalb hier nur das Wohnzimmer eines einfachen Mädchens, das nicht gern auf die Straße und da und dorthin geht, weil sie nirgends viel Besseres findet, als hier.

Ferdinand. Sehen Sie, eben das ist — darf ich sagen: Hochmuth? Sie verurtheilen damit die jungen Mädchen, die anders sind, als Sie.

Helene. Gewiß nicht. Nur bin ich kein junges Mädchen, ich bin dreiundzwanzig Jahre alt.

Ferdinand. Und folglich über jede Schwäche meines Geschlechtes erhaben, lebensklug, erfahren, weise, hinwegsehend über jene kleinen Kinder. Das ist wieder Hochmuth. Uebrigens habe ich für Ihren Stolz noch andere Beweise. Sie haben keine Freundin. Das ist eine Beleidigung der einen Hälfte der Menschheit, denn das heißt: Keine ist meines Vertrauens würdig. Sie sind entschlossen, niemals zu heirathen. Das ist eine Beleidigung der anderen Hälfte, denn das bedeutet: Keiner verdient meine Liebe. Ergo, Sie verachten die ganze Welt.

Helene (nimmt ihm den Cylinder ab, den er in der Hand hält, und setzt ihn beiseite). Wollen Sie nicht ablegen? So sind Sie genirt, und die Gesten thun viel für die Wirkung einer Rede.

Ferdinand. Vorsicht, Vorsicht! Der Hut ist ganz neu. Ich habe ihn eben erst gekauft.

Helene. So?

Ferdinand. Sie sagen dieses „So" in einem sehr gleich= giltigen Tone und wissen doch, daß ich von jeher kein Er= zeugnis moderner Cultur gehaßt habe, wie diese schwarze Verlängerung der menschlichen Gestalt. Wissen Sie, was bei mir ein neuer Cylinder bedeutet? Vita nuova — ein neues Leben. Ich trage ihn nur bei traurigen Veranlas= sungen, aber dann hilft er.

Helene. Er hilft?

Ferdinand. Jawohl. Ich will Ihnen das erklären. Wallenstein trieb Astrologie, Napoleon I. konnte die Zahl Sieben nicht leiden, Lord Byron reiste nie an einem Frei= tage und mein College Schmidt hält sich für einen ge= scheidten Menschen. So haben alle großen Geister ihren kleinen Aberglauben. Ich auch. Ich glaube an den Cylin= der. Ich hasse ihn, aber ich glaube an ihn. Deßhalb be= nütze ich ihn nur, wo ein Unglück droht. Dann wendet er es ab und es wird alles gut.

Helene. Haben Sie Proben dieser Wunderkraft? Oder ist das nur ein Glaube —

Ferdinand. Zu dem wieder Glaube gehört? Nein. Ich habe Beweise. Das erste Mal trug ich einen Cylinder bei meinem juristischen Examen. Da setzte ich ihn neben mich auf den Tisch und bedeckte damit fahrlässiger Weise die Dose des Herrn Professors. Ich sollte eine lateinische Stelle übersetzen und konnte zuerst nicht klug daraus werden. Aber der Herr Professor suchte seine Dose und während dessen fand ich meine Uebersetzung.

Helene. Das zweite Mal?

Ferdinand. Hielt ich vor dem Schwurgerichte eine glänzende Rede für einen Straßenräuber. Es gelang mir, die Geschwornen zu überzeugen, der junge Mann sei nur in Folge einer verkehrten Erziehung, für die er nichts könne, zu dieser eigenthümlichen Verwerthung seiner physischen und psychischen Kräfte gelangt . . . er sei ein — wie sag' ich gleich? . . .

Helene. Ein verirrtes Talent?

Ferdinand. Richtig . . . und seine scheinbare Reuelosigkeit sei eben die tiefste Reue, die dumpfe Verzweiflung! Noch zwei, drei Sätze — und der Mann wäre seinem Wirkungskreise erhalten geblieben. Da stößt ein Gendarm an meinen Hut, er fällt . . . und der Mensch auf der Anklagebank, der dumpfe Verzweifelte lacht! Er lacht — und wird verurtheilt.

Helene. Und wem gilt es heute? Einem Professor oder einem Räuber?

Ferdinand. Keinem von beiden. Die Sache ist viel gefährlicher. — Ich habe Ihnen in meinen Briefen von all meinen Reiseabenteuern erzählt . . . nur von dem gefährlichsten nicht. — Wie Sie mich hier vor sich sehen . . . Aber erlauben Sie, daß ich meine Handschuhe ausziehe. Ach, ich befinde mich in diesem Augenblick in einer eigenthümlichen Stimmung. Mir ist ganz seltsam zu Muthe. . . . Nun bin ich eine Weile da draußen in der Welt herumgewandert auf einer sogenannten Vergnügungsreise. . . . Ich war ja auch vergnügt — aber ich bin doch froh, daß ich wieder da bin. Ich habe so ein Wohlgefühl da

in Ihrem Zimmerchen, so eine Ruhe, einen Frieden, ein
Behagen ... Das hat mir gefehlt auf der ganzen Reise.
Ich bin es nun einmal gewohnt, abends da herüber zu
kommen, hier in Ihrer und Ihres Vaters Gesellschaft aus-
zuruhen nach der Arbeit, meine klugen und meine dum-
men Gedanken auszuplaudern, Ihren Vater im Schach gewinnen zu lassen, mich mit Ihnen zu zanken, von Ihnen
schlecht behandelt zu werden — denn Sie behandeln mich
wirklich manchmal recht schlecht — das alles bin ich gewohnt, und man entbehrt das Gewohnte schwer.

Helene. Ja ... Es kommt etwas Aehnliches im Wallenstein vor.

Ferdinand (ohne Helenens düsteren Ton zu bemerken). Auf der
ganzen Reise habe ich keine Dame getroffen, die mich so
schlecht behandelte, wie Sie es thun. Wenn eine oder die
andere in der That etwas von den paar Büchern gehört
hatte, mit denen ich mich in die Theorie der Rechtswissen-
schaft gemengt habe, so war's eitel Ruhm und Preis.
Sie loben mich niemals und verlangen immer mehr,
mehr, weisen mich immer höher, höher. Sie haben Recht.
... Aber es wäre sehr liebenswürdig von Ihnen, wenn
Sie mich manchmal auch bewundern würden, nur ein ganz
klein wenig. Die fremden Damen, die mich kaum kennen ...

Helene. Sind Ihnen fremd und kennen Sie kaum. Sie
wollten mir ja wohl erzählen, gegen wen Sie sich mit
Ihrem neuen Hute waffnen?

Ferdinand. Ja. Scene: mitten im Gebirge. Links stei-
ler Fels, rechts tiefer Abgrund. Mitte schmaler Weg. Auf
dem schmalen Wege wandert ein Wanderer. Es ist ein
junger Mann, offenbar im Anfange der dreißiger. Sagen

wir: zweiunddreißig. Von seiner hohen Stirne leuchtet die
Intelligenz und er raucht eine Cigarre, für die er zwölf
Pfennige bezahlt hat und die sechs Pfennige werth ist.
Seine Bewegungen verrathen Raschheit und männliche
Sicherheit, und er ärgert sich eben darüber, daß er heute
schon zum dritten Male den Weg verfehlt hat. Aus seinen Augen strahlt eine fröhliche Gutmüthigkeit, ungetrübt
selbst durch den Gedanken, wie er möglichst rasch die Pro-
zeßkosten von seinem Geschäftsfreund N. N. eintreiben könne.
So förbert er munter seine Schritte, wie Schiller sagt, oder
so förbern seine Schritte ihn, wie ich sagen würde . . .

Helene. Er kommt aber doch sehr langsam vorwärts.

Ferdinand. Darf ich mir eine Cigarrette anzünden?
Dann soll er sogleich rascher vorwärts kommen. Das Rau-
chen beflügelt meine Phantasie. (Helene stellt ihm den Aschenbecher hin.) Ah, da ist ja auch mein Aschenbecher wieder!
Den hatte ich vermißt auf der Reise. Darum schmeckten
mir die Cigarren nicht recht. Jetzt bin ich wieder zu
Hause.

Helene. Sie waren vorhin gerade im Gebirge.

Ferdinand. Richtig. Also, Sie haben in dem charakter-
vollen und intelligenten Wanderer bereits mich erkannt. So
ging ich so harmlos, als dies überhaupt einem Advocaten
möglich ist, meinen Weg dahin, als ich bei einer Biegung
des schmalen Pfades schreien hörte. In demselben Augenblicke sprang mir jemand entgegen. Wenn ich sage jemand,
so ist dies modern naturwissenschaftlich gesprochen. Es war
nämlich diejenige Vorstufe des Menschen, die das ungebil-
dete Volk noch heutzutage einen Esel nennt. Auf diesem
Esel saß eine ältliche Dame, die eben herunter fallen wollte.
Weil sie dies aber nicht wollte, rief sie um Hilfe. Mit der

ben Damen in solchen Fällen eigenen Logik rief sie ab-
wechselnd Hülfe, Feuer, Rettung, Mörder und Halt, um
jede bei ihrem künftigen Retter etwa vorhandene Geschmacks-
richtung zu befriedigen. Wäre ich nun nicht ausgewichen,
so hätte das Thier wahrscheinlich gescheut und wäre in den
Abgrund gestürzt. Ich sprang also beiseite, und in demselben Augenblicke, wo der Esel zwischen mir und der Fels-
wand durch wollte, ergriff ich die Zügel. Die ältliche Dame
sank in meine Arme. Es dauerte einige Minuten, bis wir
uns alle drei von dem Schrecken unserer plötzlichen Be-
kanntschaft erholt hatten. Dann erwarteten wir ruhig den
Herrn Gemahl. Er kam endlich, auch auf einem Esel, und
dankte mir. Und mit ihm kam, auch auf einem Esel, und
dankte . . . seine Tochter. Ich ging mit den beiden Alten
und der Jungen — der sehr Jungen . . . achtzehn Jahre
sagte die Mama, macht mit dem Aufschlag —

Helene. Aufschlag?

Ferdinand. Dem, was von achtzehn an weggelogen wird
— neunzehn Jahre. Ich ging mit ihnen den Weg zurück.
Es war wirklich eine recht angenehme Gesellschaft. Wir
blieben einige Tage zusammen. Die Eltern ließen mich
merken, daß . . . wenn . . . ich würde von ihnen nicht
abgewiesen. Das Töchterchen ist ein Kind, ein liebes Kind,
weiter nichts.

Helene. Und dieses Kind — liebt Sie?

Ferdinand. Unbegreiflicher Weise: nein. Sie ist zu jung,
um meine Vorzüge völlig würdigen zu können. Ohne
Scherz: ich glaube, ihr ist es gleich, ich oder ein anderer.
Sie sieht wohl in einem Bräutigam nichts als einen siche-
ren Tänzer für jeden ersten Walzer. Ich habe auch kein
Wort zu ihr gesprochen, das sie zu hoffen berechtigte.

Helene. Die Eltern?

Ferdinand. Der Papa Stegemann ist ein reicher Leber-
händler, die Familie ist untadelhaft . . .

Helene. Sie haben nachgefragt?

Ferdinand. Sehr genau. Heute sind sie auf der Durch-
reise hier, im römischen Kaiser. Wir kamen gestern Abend
zusammen an und ich versprach für heute Vormittag einen
Besuch. Das Fräulein, wie gesagt, ahnt noch nichts. Aber
in solchen Dingen verstehen sich eventuelle Schwiegereltern
mit eventuellen Schwiegersöhnen ohne ein Wort, und so
wissen denn die lieben Eltern und ich ganz gut, daß heute
die Krisis eintritt. Ach ja, Cousine . . . Darf ich um
Feuer bitten? (Helene reicht es ihm.) Danke . . . Wie Sie
mich da sehen, bin ich im Begriffe, mich mit Rosenketten
fesseln zu lassen. (Kleine Pause.)

Helene. Ich erinnere mich, daß Sie bis vor zwei Monaten darauf schwuren, nur die Hand der Liebe solle Ihnen
jene Fesseln anlegen. Lieben Sie denn das Fräulein?

Ferdinand. Liebe? Einen Moment! Erlauben Sie, daß
ich mein Gewissen erforsche. Fernando, was fühlst du in
diesem Augenblicke? Ruhe, Frieden, Glück. Schwärmst du
von Fräulein Stegemann? Sehnst du dich in den römischen Kaiser? Nein.

Helene. Was bewegt Sie denn, hinzugehn? Was bestimmt Sie . . . zu heirathen?

Ferdinand. Ich glaube, die Langeweile — oder wenn es
einen poetischeren Namen haben soll: die Einsamkeit, die
Sehnsucht nach Häuslichkeit, das Bedürfnis der Ergänzung
u. s. w. Dies Gefühl, das in meinem Lebensalter sich
häufig einfinden soll, ist bei mir lebhaft geworden, seit ich
vor zwei Monaten hier abreiste. Ich fühlte mich fremd in

der Fremde. Und als ich heute Nacht ohne Gruß und Will-
komm in mein kaltes Zimmer trat, da fiel mir ein, daß
ich auch in der Heimat fremd sei, weil ich kein Heim habe.

Helene (reicht ihm die Hand). Ferdinand!

Ferdinand. Ich danke Ihnen. — Aber eine Cousine ...

Helene. Ist eine Cousine.

Ferdinand. Ja. Das ist eine naturgeschichtliche That-
sache, es läßt sich nichts daran ändern. Aber daß ich mo-
natlich so und so viel für Holz bezahle und meine Stube
doch immer kalt ist, wie das Herz eines Staatsanwalts;
daß es mir nicht möglich ist, ein Dutzend schöne, feine
Taschentücher „unvermischt mit minder würdigen" beisam-
men zu halten; daß kein Handschuhpaar in meinen Dien-
sten länger als acht Tage aushält und dann ins Meer
der Vergessenheit versinkt; daß der Formenreichthum der
Natur sich an meinen Manschetten dadurch offenbart, daß
ich nie zwei gleiche zusammen finde; daß meine Spazier-
stöcke, wenn sie mich ein Mal in ein Wirthshaus begleitet,
künftig ohne mich spazieren gehen; daß meine Hüte eine
besondere Neigung haben, mit älteren Berufsgenossen ver-
wechselt zu werden; daß trotz guter Behandlung sich meine
scheinbar harmlosesten Knöpfe auf die intriguanteste Weise
von mir losreißen — das alles ist kein Naturgesetz, und
doch bemühe ich mich seit Jahren umsonst, es zu ändern.
Dabei rede ich noch gar nicht von meinen Regenschirmen.
Im zehnten Gebot „Du sollst nicht begehren", ist etwas vergessen: des Nächsten Regenschirm. Es wird wahrscheinlich
heute noch regnen — aber meinen letzten trägt irgend
jemand in den Alpen spazieren ... ich muß mir wieder
einen neuen anschaffen.

Helene. Das also sind Ihre häuslichen Sorgen.

Ferdinand. Ja. Aber ich will ihnen ein Ende machen.
— Dazu kommt das Drängen meiner Freunde und Be=
kannten. Die Jungverheiratheten werden nicht müde, mir
ihr Glück zu schildern. Den Hagestolzen geht es nicht bes=
ser, als mir — sie klagen, seufzen . . . (Steht auf.) Kurz,
„der Sache Stand ist dies“, wie Polonius sagt: ich weiß
nicht recht, was mich bestimmt, zu heirathen. Ich weiß
aber noch viel weniger, was mich bestimmen sollte, nicht
zu heirathen. Deshalb (er ergreift seinen Hut) mein neuer
Hut, deshalb ich selbst im Begriffe, das Fatum zu accep=
tiren, welches mir gleichsam selber in die Arme gefallen
ist — von einem Esel herunter. Dies Mädchen oder ein
anderes. Sie gefällt mir — und mehr kann Keine. Ich
habe Ihnen schon gesagt, daß ich der Schwärmerei nicht
fähig bin. Pflicht und Neigung, das ist alles, was mich
an ein Weib binden kann. Keine wird mein Wesen in
seinen Tiefen erschüttern, keine wird mir meine Ruhe neh=
men. Sie wissen, so ist es, seit wir uns kennen. — Und
nun, Ihre Ansicht, Cousine? Uebereilen Sie sich nicht, ich
lasse Ihnen Zeit. — (Er tritt ans Klavier, sieht die Noten durch
und schlägt einige Töne an, während Helene für sich spricht.)

Helene (für sich). Diese Stunde habe ich gefürchtet, seit
Jahren! Was ist meine Pflicht? Ich muß ihm sagen: thu’
es nicht. Aber räth mir nicht etwa nur die Eifersucht so?
Nein. — O mein Gott, wie ich leide.

Ferdinand (steht noch am Klaviere und schlägt einzelne Töne und
Accorde an, während er spricht). Also? Rathen Sie mir nicht
auch lieber das Ende mit Schrecken, als den Schrecken
ohne Ende?

Helene. Es scheint mir, daß Sie nicht in der Verfassung
sind, über Ihr Schicksal zu beschließen.

Ferdinand. Warum nicht?

Helene. Sie sprechen von sehr ernsten Dingen, in einem Tone, der ... dieser Dinge nicht würdig ist.

Ferdinand. So? Thu' ich das? — Erlauben Sie, daß ich die Garbinen noch ein wenig verderbe? (Zündet eine Cigarrette an und setzt sich.) Sie vermissen also bei mir jene weihevolle, ahnungsreiche, poetische Stimmung, die großen Unglücksfällen, ich wollte sagen, wichtigen Ereignissen vorauszugehen pflegt. Sehen Sie — ich möchte von Ihnen nicht falsch beurtheilt werden. Ich bin im Grunde meines Herzens ein ernster, oft melancholischer Geselle, der seinen Beruf, den Anwalt, wie den Schriftsteller, streng nimmt und darin auch etwas Tüchtiges zu Wege bringt. Ich habe mir durch jahrelange Arbeit das Recht erworben, so zu sprechen. Aber warum soll ich meine Würde spazieren tragen? Hier bei Ihnen, in diesem gemüthlichen, traulichen Zimmer, da will ich nicht Anwalt oder Schriftsteller sein, sondern ein harmloser, vergnügter Mensch. Meine gescheidten Gedanken lasse ich alle drucken oder rede sie den hohen Herrn Richtern vor. Die Dummheiten bleiben für Sie und meine Monologe. (Sehr herzlich.) Wenn ich recht vergnügt sein will, so ohne Grund, ohne Sinn und Zweck ... und das unvernünftige Glück allein ist das wahre Glück ... dann komm' ich zu Ihnen, Cousine.

Helene. Viel Ehre. Aber heute kommt mir mein lieber Cousin ein wenig verändert vor. Er hat mit seinem Regenschirme auch — seine Grundsätze verloren, einen wenigstens. Ich erinnere mich, wie oft ich die Vernunftehen unserer gemeinschaftlichen Bekannten gegen Sie in Schutz genommen habe. Und jetzt wollen Sie mit einem Mädchen sich verloben, das Sie seit acht Tagen kennen — und nicht lieben.

Ferdinand. Ein Mädchen, das ich lieben kann, finde ich doch nicht.

Helene. Sie sind recht bescheiden. Wie müßte denn ein solches Mädchen sein? Welche Vollkommenheiten müßte ihr die Natur verliehen haben, damit sie vor Ihnen Gnade finde?

Ferdinand. Ein solches Mädchen müßte vor allem jung und liebenswürdig sein.

Helene. Das versteht sich von selbst.

Ferdinand. Das versteht sich leider nicht von selbst. Sie sind auch jung . . . aber liebenswürdig sind Sie wahrhaftig nicht. Das heißt, nicht immer. Sie können es sein, Sie können es mehr sein als irgend jemand sonst — wenn Sie wollen. Aber Sie wollen nicht immer. Und eine Liebenswürdigkeit, die aussetzt, ist wie eine schlechte Uhr. Man weiß nicht, wann sie stehen bleibt, und deshalb ist kein Verlaß darauf. Es ist beinahe so gut, wie wenn man gar keine Uhr hätte.

Helene. Herr Doctor, Sie scheinen mir vor zwei Minuten . . . stehen geblieben zu sein.

Ferdinand. Sie müßte schön sein und graziös. Besonders müßte sie gehen können und lachen.

Helene. Sie scheinen im Ehestande sehr viel promeniren und dabei Anekdoten erzählen zu wollen.

Ferdinand. Spotten Sie nur. Haben Sie noch nie bemerkt, daß die meisten Damen nicht gehen können? Die eine trippelt, die andere marschirt, die dritte läuft, die vierte schleicht, die fünfte steigt, die sechste tanzt — aber gehen können wenige. Und lachen? Da haben Sie alle

2*

Tonstufen vom kindischen Kichern bis zum bacchantischen
Johlen . . . Aber das Lachen! Das reine, natürliche, silber-
helle Lachen, das ansteckt: „Ich bin froh, du mußt es mit
sein, wenn du auch nicht weißt, warum?" . . . Das Lachen,
der feine Herold des Scherzes . . . Danken Sie Gott, daß
Sie gehen und lachen können . . . es ist nicht so leicht,
wie es aussieht.

Helene. Also Ihre Frau muß lachen können.

Ferdinand. Und weinen. Sie muß ein Herz haben für
fremden Gram. Ich hasse die Damen, die geistreich zu
sein glauben, weil sie nichts rührt. Die Unempfindlichkeit
ist nicht Reichthum des Geistes — sie ist nur Armuth der
Seele. Wissen Sie, was ich für das höchste Talent des
Menschen halte, für das edelste, vornehmste? Das Mitleid.
Meine Frau soll ein Genie sein — in der Menschenliebe.

Helene. Und der Geist?

Ferdinand. Sie soll fähig sein, Interesse zu gewinnen
für meinen Beruf, für die Dinge, denen ich meine Lebens-
arbeit widme. Sie soll darauf einzugehen verstehen . . .
wie Sie das so meisterlich verstehen.

Helene. Ich? Mein Gott, ich habe mich von jeher für
dies und das ein wenig interessirt . . . und kümmere mich
nur deshalb ein wenig um Ihren Weg, damit ich Ihnen
mit desto mehr Recht mein Vorwärts! zurufen kann.

Ferdinand. Ja, und sie müßte ehrgeizig sein, ehrgeizig
für mich. Auch eine gute Haushälterin müßte sie sein; im
Kochbuch nicht minder bewandert, als im Shakespeare. Und
sie müßte Geschmack haben, nicht nur im Großen, sondern
auch im Kleinen. Ich habe Frauen gekannt, die alle Museen
in Rom, Neapel und Florenz gesehen hatten und keinen
Theetisch zu arrangiren wußten. Das könnte sie freilich

von Ihnen lernen. Ueberhaupt müßte sie Ihre Freundin werden. Sie müßten ihr von mir erzählen, damit sie mein ganzes Leben und mich selbst recht kennen lernt. Gemein= schaftliche Erinnerungen verbinden.

Helene. Sie glauben, daß jedes Mädchen, das Sie wäh= len, sich ohne weiteres dazu versteht, meine Freundin zu werben?

Ferdinand. Gewiß. Sonst würde ich sie nicht wählen. Denn ... wenn ich es recht überlege: sie müßte von Ihnen überhaupt alles lernen, mit Ausnahme Ihrer für eine Braut unpassenden Eigenschaften.

Helene. Für eine Braut unpassende Eigenschaften? Zum Beispiel?

Ferdinand. Nun, ich will von Ihrer Unliebenswürdig= keit, besser gesagt: von den Pausen Ihrer Liebenswürdig= keit, nicht reden. Auch davon nicht, daß Sie an der Welt wenig Freude finden, während ich es mir als den höchsten Genuß denke, wenn ein Mann seiner jungen lebensfrohen Frau die Welt zeigt. Aber Sie haben eine Eigenschaft, die meine Braut nicht von Ihnen annehmen dürfte.

Helene. Also ein großer und unheilbarer Fehler?

Ferdinand. In meinen Augen — ja.

Helene. Der wäre . . . ?

Ferdinand. Sie können nicht — lieben. (Helene lacht.) Sehen Sie, dieses bittere, höhnische Lachen bei einem Worte, das jedes junge Herz entzücken sollte! Sie sind nicht fähig des leidenschaftlichen, schrankenlosen Gefühls, das alles zu thun und alles zu dulden vermag, das, erwidert oder ver= kannt, selig oder elend, dasselbe bleibt . . . weil es die Liebe ist. Das ist nicht Ihre Schuld. Undine kann nichts dafür, daß sie keine Seele hat.

Helene. Wie poetisch Sie heute sind!

Ferdinand. Meine Frau aber soll mich lieben, innig und treu, mich so lieben . . . wie ich es freilich nicht verdiene, aber immer zu verdienen suchen werde. Wie es in dem alten Spruche heißt: Von ganzer Seele, von ganzem Herzen und von ganzem Gemüthe.

Helene (nach einer kleinen Pause). Und alle die Eigenschaften, die Sie von Ihrer Frau fordern, besitzt jene junge Dame, um derentwillen Sie . . . einen neuen Hut gekauft haben?

Ferdinand. Nein. Aber ich suche eine solche nicht, weil ich es für unmöglich halte, mein Ideal zu finden.

Helene. Findet man überhaupt Ideale? Ich dächte, des Menschen Bestimmung ist nur, sie ewig zu suchen . . . weil nur dann sein Weg empor führt. Sie waren früher auch dieser Ansicht.

Ferdinand. Ich bin es noch. Aber man muß auch verzichten können. (Er nimmt seinen Hut und geht unruhig auf und ab.)

Helene. Ja, es ist wahr, man muß verzichten können. (Pause.)

Ferdinand. Adieu, Helene.

Helene. Sie gehen . . . ? (Stützt sich mit einer Hand auf den Tisch.)

Ferdinand. In den römischen Kaiser, um das Glück zu nehmen . . . wie es auf Erden zu haben ist.

Helene. Nun denn . . . So leben Sie wohl, Ferdinand, und alles, alles Glück . . . (Setzt sich und hält ihr Tuch an die Stirne.)

Ferdinand. Was haben Sie? Sind Sie nicht wohl?

Helene. Es hat nichts zu bedeuten. Ein wenig Kopfweh, augenblickliche Schwäche.

Ferdinand. Ich werde den Arzt rufen lassen.

Helene. Wo denken Sie hin, ich will nicht ausgelacht werden.

Ferdinand. So soll wenigstens das Dienstmädchen bei Ihnen bleiben.

Helene. Aber ich sage Ihnen ja, daß ich nur Kopfweh habe.

Ferdinand (immer den Hut in der Hand). Haben Sie sich vielleicht erkältet?

Helene. Nein. Ich habe zu viel gelesen oder gezeichnet — ich weiß nicht. In einer Viertelstunde ist es wieder vorbei.

Ferdinand. Sie klagen niemals . . . ich habe gar nicht gewußt, daß Sie auch krank werden können.

Helene (herb). Ich bin nicht krank. Sorgen Sie doch nicht. Lassen Sie sich nicht zurückhalten.

Ferdinand. Ich werde Ihnen Elise hereinschicken. Ruhen Sie ein wenig. Ich werde mich heute Nachmittag umsehen.

Helene. Mit ihrer Braut?

Ferdinand. Ja so . . . Nun, warum nicht? Ich muß sie Ihnen ja doch vorstellen.

Helene. Also . . . auf ein frohes Wiedersehen.

Ferdinand. Abieu, Helene. (Ab.)

Fünfter Auftritt.

Helene allein.

Helene. Undine kann nichts dafür, daß sie keine Seele hat. — Arme Undine! — Und in dieser Stimmung wirbt er. Zum ersten Male versteh' ich ihn nicht ganz. Unter seinen Scherzen verbirgt sich Erregtheit, Verwirrung . . .

Was hat ihm diese Reise nur gebracht? Er ist in einer
Art fröhlicher Verzweiflung. Ach, wie das Leben lustig
sein könnte, wenn es nicht gar so traurig wäre.

Sechster Auftritt.

Helene. Elise.

Elise. Ich habe mich beim Herrn Doctor bedanken wollen für die Stelle. Aber er hat mich gar nicht zu Wort
kommen lassen. Ich soll nur geschwind zu Ihnen herein-
gehen, sagt er, Sie sind unwohl. Was fehlt Ihnen denn,
Fräulein? Soll ich in die Apotheke?

Helene. Nein, ich habe nur ein wenig Kopfweh.

Elise. So, das haben Sie ja vorhin schon gehabt. Auf-
richtig gesagt, ich geh' nicht gern in die Apotheke. Der
kleine Provisor . . . er hat so lange blonde Haare, die
läßt er sich am Sonntag immer brennen . . . der schaut
mich immer so verliebt an. Neulich, wie ich Rattengift
geholt habe und will bezahlen, hat er nichts annehmen
wollen und gesagt, ich darf mir so viel Gift holen, wie ich
will, er giebt mir's umsonst. Das ist mir unangenehm
wegen meinem Joseph . . . und dann, was thu' ich mit
so viel Gift? Mein Joseph ist schrecklich eifersüchtig. Der
läßt mir von einem andern kein Gift geben. Wenn du
was willst, kommst du zu mir, sagt er.

Helene. Ich will ein wenig ruhen.

Elise. Schön . . . wollen Sie vielleicht kalte Umschläge
oder Hofmann'sche Tropfen?

Helene. Nein, nein . . . (Für sich.) Nur Ruhe . . . Friede
. . . Vergessen . . . (Geht ab in die Thüre links.)

Siebenter Auftritt.

Elise. Gleich darauf Ferdinand.

Elise. Sie muß einen Kummer haben . . . aber was? (Man hört eine Glocke.) Nun, wer macht sich denn da selber auf?

Ferdinand. Ah, Sie sind es, Elise? Wo ist das Fräulein?

Elise. Sie ruht ein wenig. Soll ich sie rufen?

Ferdinand. Nein, stören Sie sie nicht. Geben Sie mir nur einen Schirm. Es regnet. Mein neuer Hut hat schon einige Tropfen bekommen.

Elise. Ja, Herr Doctor . . . das thut mir aber leid —

Ferdinand (lächelnd). Bitte sehr, Sie können ja nichts dafür.

Elise. Nein, ich meine, es thut mir leid, ich kann Ihnen keinen Schirm geben. Der Herr hat seinen mitgenommen und den vom Fräulein habe ich gestern zum Repariren fort getragen.

Ferdinand. Haben Sie keinen?

Elise. O, ja.

Ferdinand. Wollen Sie vielleicht so freundlich sein —

Elise. Ja natürlich, sehr gern, Herr Doctor — aber meinen habe ich neulich dem Joseph geliehen. Wissen Sie, Ihrem neuen Schreiber. (Sieht zum Fenster hinaus.)

Ferdinand (sieht auf die Uhr). Ich habe höchstens noch eine halbe Stunde. (Für sich.) Sonst müßten wir uns an der table d'hôte verloben.

Elise. In einer halben Stunde hört's lang wieder auf. Es ist ein ganz feiner Regen — die vergehen schnell. (Ferdinand legt seinen Hut hin, setzt sich und blättert in einem Buche.)

Ich muß mich ja auch noch bei Ihnen bedanken, Herr Doctor, daß Sie den Joseph angenommen haben. Es ist Ihr Schade nicht, verlassen Sie sich auf mich. Er ist ein **ausgezeichneter Schreiber.** (Zieht die Briefe aus der Tasche und zeigt sie.) Ich sage das nicht nur, weil er mich aus dem Wasser gezogen hat . . . Sie wissen doch? (Ferdinand bejaht mit einer Geberde.) Ja, ich hab' mich im Wasser verliebt. Wie er mich angefaßt hat, hab' ich mir gedacht: „Wer mich da 'rauszieht . . . der oder Keiner!" Glauben Sie mir, wegen einem Anderen gäbe ich den Dienst hier auch nicht auf. Das Fräulein ist die Güte selber. Aber eh' ich fortgehe, muß ich auch einmal wegen ihr etwas reden mit einem anständigen vernünftigen Menschen.

Ferdinand (lächelnd). Wenn ich Ihnen dienen kann —

Elise. O ja.

Ferdinand. Ich danke.

Elise. Bitte, nicht der Müh' werth. Sie sind aber nicht bös, wenn ich mit Ihnen so rede . . . so vertraut, so mir nichts, dir nichts, wie mit dem Joseph?

Ferdinand. Sie dürfen mit mir so mir nichts, dir nichts reden, wie Sie wollen. Also?

Elise. Der Vater vom Fräulein giebt unsereinem nicht viel Audienz.

Ferdinand. Sehr unrecht.

Elise. Das hab' ich ihm auch schon gesagt. Aber er glaubt's nicht. Deshalb sollten Sie mit ihm reden, daß er's nicht erlaubt. Nämlich das Fräulein geht oft abends aus. Aber nicht ins Theater oder ins Concert oder sonst wohin, wo sie sich nobel unterhalten. Sondern ganz in der Heimlichkeit zu Armen und Kranken und Wittwen und Waisen, und hilft ihnen. Das ist aber hoch gefährlich!

Es giebt ja so Krankheiten, die schlecht sind für die Gesunden, z. B. Fieber ... Eins, zwei, drei! wird man selber krank und der Doctor schüttelt den Kopf und man stirbt und der Doctor schüttelt den Kopf ... und da sag' ich, Sie sollen ihm sagen, er soll ihr sagen, sie soll sich mehr in Acht nehmen — aber wenn Sie sagen, daß er's ihr sagen soll, sagen Sie nicht, daß ich gesagt habe, Sie sollen ihm sagen, daß er's ihr sagen soll. Da kommt sie. Verrathen Sie mich nicht. (Ab.)

Achter Auftritt.

Ferdinand. Helene.

Helene (im Eintreten, für sich). Ich kann nicht ruhen — (Sieht ihn.) Sie sind hier? Was bedeutet das?

Ferdinand. Regen, und Schonung für meinen neuen Hut. Ich wollte hier einen Schirm borgen, aber Elise sagt mir, daß keiner im Hause ist. — Ich habe wohl noch Zeit und möchte den Regen abwarten. — Wie geht es Ihnen?

Helene. Besser. (Pause.)

Ferdinand. Soll ich nicht doch nach dem Arzt schicken? Sie sind krank ... oder verstimmt.

Helene. Vielleicht das Letzte.

Ferdinand. Aber weshalb? Ich kann mir nicht denken ...

Helene. Ich auch nicht ... es ist eben Laune ... das schlechte Wetter ...

Ferdinand. Sie geben sich vielleicht zu sehr nach. Man kann sich bekämpfen.

Helene. Es scheint, daß ich das so wenig kann ... wie manches andere.

Ferdinand. Hab' ich Sie betrübt, Helene?

Helene. Sie? Daß ich nicht wüßte.

Ferdinand. Darf ich versuchen, Sie aufzuheitern? Ich werde Ihnen von den lyrischen Gedichten erzählen, die ich früher verfaßt habe.

Helene. Sie sind im Begriffe, zu Ihrer — Braut zu gehen, und geben sich Mühe, meine Stimmung zu verbessern. Verwenden Sie Ihre Zeit besser: Denken Sie an die Zukunft.

Ferdinand (ärgerlich, nimmt seinen Hut). Sie wollen allein sein?

Helene. Es scheint so.

Ferdinand. Ich empfehle mich. (Ab.)

Neunter Auftritt.
Helene allein.

Helene. Er geht. Es ist entschieden. Bald wird er dort sein . . . sich erklären . . . „Ich liebe dich!" Wie kann er das sagen? Glaube ihm nicht, thörichtes Kind . . . er lügt, er belügt sich und dich! Aber sie glaubt ihm . . . sie kennt ja nur das Spiel, das Kinder Liebe nennen . . . sie weiß ja von der anderen Liebe nicht, wie ich sie fühle . . . bethörend, herzzerreißend, schmerzensreich und doch ewig, unaustilgbar, unendlich. — Jetzt ist er bei ihr . . . er faßt ihre Hand, er neigt sich zu ihr . . . (Preßt ihr Tuch vor die Augen.) Verloren!

Zehnter Auftritt.
Helene. Ferdinand.

Ferdinand (seinen Hut in der Hand). Ich bin eben zwei Minuten da draußen auf dem Flur gestanden, wie ein indischer Philosoph. Die sehen ihre Nasenspitze an und denken dabei

nach . . . ich habe meinen Hut betrachtet. Verehrte Cou=
sine! Betrachten Sie ihn auch, meinen neuen Hut. Es reg=
net, es gießt, es strömt. Gestatten Sie ihm daher noch
eine Viertelstunde Aufenthalt in diesem Zimmer. — Im
Ernste, wir sind doch wie zwei eigenwillige Kinder. Statt
daß ich Ihnen Ihre schlechte Laune ausrede, lasse ich mir
meine dadurch verderben. Und ich habe sie so nöthig für
den römischen Kaiser. Wenn ich an meine Braut denke,
fällt mir meine Schwiegermutter ein, und da muß ich
nolens volens auch an den Esel denken. Wie so ein un=
glücklicher Zufall die Phantasie vergiftet! Wenn ich an
meinem Hochzeitstage einen Toast ausbringen will auf
meine Schwiegereltern: „Ja, meine Freunde, ich bin glück=
lich, und wem, nächst meiner lieben Karoline" . . . sie
heißt leider Karoline, es ist kein schöner Name, aber sie ist
nach ihrer Tante getauft . . . So ist das Leben! Eine
Tante, die ich gar nicht kenne, ist schuld, daß ich mich alle
Tage von neuem ärgern werde. Ka—ro—li—ne . . .
bis man den Namen herausbringt, vergißt man, was
man hat sagen wollen. . . . „Wem, nächst meiner lieben
Ka—ro—li—ne, verdanke ich mein Glück?" Eigentlich
müßte ich sagen: einem Esel. — Und wenn ich meiner
Braut die schönen Verse aus meinen poetischen Jugend=
werken citiren will:

„Wenn ich des Augenblicks gedenke,
    Da ich zuerst dich sah — —"

Helene (wendet ihm ihr Gesicht zu, versucht zu lächeln). Weiter?

Ferdinand (sehr erregt). Helene, Sie haben geweint?

Helene. Nicht doch . . .

Ferdinand. In Ihren Augen schimmern Thränen. Sie,
die Ruhige, Unbeugsame, meine tapfere Freundin, Sie

weinen! Sie haben einen Kummer, eine Sorge . . . wollen Sie mir nicht vertrauen? Ich bin Ihr Freund. Bei allem, was heilig ist, schwör' ich es Ihnen: ich will Ihnen helfen, wenn es in eines Menschen Macht ist. Wollen Sie mir sagen —

Helene. Niemals. — Ich danke Ihnen, Ferdinand, aber Sie können mir doch nicht helfen. Es ist auch . . . nichts Bedeutendes . . . mehr eine Laune, und geht vorüber. Sie wissen ja, wir Frauen sind so . . . nervös, eigenthümlich, oder wie Sie es nennen wollen.

Ferdinand. Aber Sie nicht, und deshalb . . .

Helene. Ich bitte, sprechen Sie nicht mehr davon. Ich kann es nicht sagen . . . und es ist auch zu unbedeutend. Sie würden vielleicht darüber lächeln. Lassen wir's ein für allemal. Sie peinigen mich nur umsonst. Sie versprechen mir, nicht wieder zu fragen?

Ferdinand. Ich verspreche es, weil Sie es wollen.

Helene. Dafür erlaube ich Ihnen, die letzte Viertelstunde Ihres Junggesellenlebens hier zu verbringen. (Liebenswürdig.) Soll ich Ihnen etwas vorspielen? Die C-dur-Sonate?

Ferdinand. Ach, ich bin in Moll gestimmt. Wissen Sie, woran ich denke? An meine Jugend. Es war doch eine schöne Zeit! Aber „lang', lang' ist's her". . . . Ich habe Sie auf den Armen getragen.

Helene. Uebertreiben Sie nicht. . . . Sie haben mich herumgefahren, das gebe ich zu, denn ich erinnere mich, daß Sie sehr häufig umgeworfen haben . . . mehr nicht.

Ferdinand. Sie wissen es nicht mehr, ich glaub's wohl, Sie waren damals ein Jahr alt. — Und meine Stubentenzeit! Wie erfurchtsvoll Sie mich begrüßten, wenn ich nach Hause kam! Damals empfanden Sie Ehrfurcht vor

mir, oder meiner bunten Mütze. Erinnern Sie sich, wie
ich Sie Lateinisch lehren wollte? Wir kamen bis zur zwei=
ten Conjugation.

Helene. Bis zur britten . . . moneo, ich ermahne.

Ferdinand. Entschuldigen Sie, das ist nur die zweite.
. . . Erste Conjugation: amo, ich liebe, zweite Conjuga=
tion: moneo, ich ermahne. Amo, ich liebe! Ich conjugirte
das ein paar Jahre lang.

Helene. O, ich könnte im römischen Kaiser erzählen, wie
oft Sie mir berichteten, daß Ihr Herz wieder einmal ge=
fangen sei . . .

Ferdinand. Aber nach einiger Zeit sagte ich Ihnen dann
immer: eigentlich habe ich dich doch lieber, als alle ande=
ren Mädchen. Merkwürdig! Das sprach ich immer und
dachte mir nichts dabei. Wir waren eben Kinder.

Helene (schlägt einige Accorde auf dem Klaviere an). Ja . . . wir
waren Kinder.

Ferdinand. Wir sagten damals noch „du". Es ist im
Grunde thöricht, daß wir das später nicht mehr thaten.
Aber du — Sie fingen damit an, als ich ein Jahr weg
gewesen war und nach dem Examen zurückkam.

Helene. Sie sprachen zuerst das „Sie" aus. Ich stand
unter der Thüre, als der Wagen ankam . . . Sie spran=
gen heraus, begrüßten Ihre Eltern und wandten sich dann
zu mir. Sie sagten: „Grüß Gott! wie geht es Ihnen?"

Ferdinand. Ich war so überrascht. . . . Sie waren in=
zwischen so groß und schön geworden . . . da sagte ich un=
willkürlich „Sie". Aber Sie hätten es nicht so machen
sollen.

Helene. Ich mochte nichts darüber sagen. Wenn Sie

mir fremd werden wollten, durft' ich den vertraulichen Ton
festhalten?

Ferdinand. So hätten wir Jahre lang in Folge eines
Mißverständnisses die schöne Anrede vertrauter Freundschaft
nicht gebraucht? Läßt sich der Irrthum nicht gut machen?

Helene. Nein. Wozu auch? Wir sind uns ja darum
nicht fremd geworden.

Ferdinand. Hm ... ich weiß nicht. Die Form des
Umgangs bestimmt doch ein wenig den Inhalt mit. Du —
Es hat einen eigenen Klang! Ich habe dich doch lieber
— „Ich habe dich lieb!" Es ist eine Musik in diesen
Worten, eine süße, beseligende Melodie ... es klingt wie
Engelsgesang von Frieden, Heimat, Glück. Aber die Ver-
heißung ist himmlisch und auf Erden erfüllt sie sich nicht
— Entschuldigen Sie ... das war wohl zu schwärmerisch?

Helene. Heute sehe ich Sie in dieser Laune lieber, als
mit dem Humor von vorhin. Sie paßt besser zu dem
was Sie vorhaben.

Ferdinand (sich erinnernd). Ah! (Sieht zum Fenster hinaus.)
Das forte ist vorbei, es regnet nur noch piano piano.

Helene. Sie werden uns also Ihre neuen Verwandten
noch heute vorstellen?

Ferdinand. Ja. Erzählen Sie Ihrem Vater einstweilen
daß ich unterwegs die Familie kennen gelernt habe, aber
nicht wie ... das ist nicht nothwendig; ich will die Geschichte nicht weiter erzählt haben. Der Papa Stegemann
hat es bereits in Luzern an der table d'hôte als guten
Witz zum Besten gegeben. Ich kann Ihnen gar nicht sagen, wie mich dieser Esel genirt. Ich hätte mir ein Ver-
gnügen daraus gemacht, meine Schwiegermutter aus den
sechsten Stock eines brennenden Hauses zu holen oder sie

dem Rachen eines Tigers zu entreißen . . . aber vom Esel
herunter mir zuzufallen — es ist geradezu geschmacklos.
Ich sehe schon, wie wir in einen Salon treten: „Ah, das
ist die Frau, die vom Esel gefallen ist." „Komisch!"
„Sehr komisch!" Und so geht's weiter. Und wenn die
Herren Junggesellen im Wirthshaus von meiner Frau
sprechen: „Wissen Sie nicht: Frau Doctor Wolf? deren
Mutter vom Esel gefallen ist." Ich kenne ja diese Scherze.
„Sie wollen heirathen? Reisen Sie in die Schweiz, vielleicht begegnet Ihnen ein Esel mit einer Schwiegermutter
darauf." „Ein Mittel, Töchter an den Mann zu bringen:
man reite auf Eseln —"

Helene (unterbricht ihn). Das alles sollte Ihnen gleichgil-
tig und verächtlich sein und wär' es auch . . . wenn Sie
für Ihre Braut Liebe fühlten. Aber sie gefällt Ihnen
nur. Das ist freilich wenig für ein ganzes, langes Men-
schenleben. Die Liebe würde nicht so vorausdenken, nicht
so vorsichtig sein gegen solche Erbärmlichkeiten. Denn was
ist das Urtheil oder der Spott der anderen Menschen gegen die Macht des einen, allbeherrschenden Gefühls? Oder
Schall, leeres Nichts. Was sind alle klugen Berechnungen
der Welt, alle selbstsüchtigen Ueberlegungen des Verstandes
gegen die eine, große, erhabene, unbezwingliche Empfin-
dung?

Ferdinand (für sich). Wie schön sie ist!

Helene (allmählich sich vergessend). „Ich habe dich lieb!"
Wenn Sie dies Wort sprechen und wieder vernehmen, auf-
steigend aus der Tiefe der Seele, entströmt dem übervollen
Herzen . . . glauben Sie nicht, daß seine himmlische Musik
Ihr Ohr taub machen würde für die thörichten Reden der
Menschen? — Ja, mein Freund, ich läugne es nicht, daß

3

ich mir diese Stunde anders gedacht habe. Sie würden
einst vor mich treten — meint' ich — und Ihr Weib mir
zuführen und mir sagen: „Helene! Freundin! Die Träume
meiner Jugend sind herrlich erfüllt. Hier ist sie, die mich
ewig beglückt . . . auch du sollst sie lieben . . .“ Und ich
hätt' es gethan, all' die Liebe, die hier (aufs Herz deutend)
ruht und die mir zu köstlich war, sie an die Erste Beste
hinzugeben . . . ihr hätte ich sie geweiht, meiner Schwester. — Aber Sie selbst beginnen Ihr neues Leben mit —
ich will nicht sagen mit einer Lüge, man nennt das ja nicht
so . . . es ist keine Unwahrheit gegen andere, aber was Sie
thun, ist unwahrhaftig vor Ihnen selbst. Ich kenne Sie,
Ferdinand, wie nie ein anderes Weib Sie kennen wird,
und ich sage Ihnen: der Traum, das Ideal, das Sie für
todt halten, lebt noch, lebt auf dem Grunde Ihrer Seele.
Sie können es vergessen, eine Zeit lang, aber Sie können
so wenig es vernichten, als Sie selbst ein anderer werden
können. Das weiß ich, das fühl' ich in mir. O, Ferdinand, kein Tausch und Handel, wobei Sie die Hälfte Ihres
Wesens zurückbehalten, weil Sie von drüben zu wenig empfangen! Seele für Seele, Leben für Leben, Alles für
Alles, das allein ist die Wahrheit, das allein ist die Liebe!

Ferdinand (sehr stark). Sie lieben, Helene! Dieses Wort
kommt nicht aus einem kalten Herzen. Läugnen Sie mir
es nicht! Sie lieben! Das ist Ihre Sorge, Ihr Gram . . .

Helene (für sich). Was hab' ich gethan? — Sie dürfen
mich nicht fragen, Sie haben es versprochen.

Ferdinand. Also kein Vertrauen? Ich darf nicht erfahren . . .

Helene. Niemals.

Ferdinand. Gut denn. Aber ich thue, wie Sie eben

sagten: ich theile mein Herz nicht und nicht mein Ver=
trauen. Ich habe mit Ihnen über das Mädchen gespro=
chen, das meine Frau werden soll. Ich habe Ihnen ge=
sagt, was ich empfinde und — nicht empfinde. Vielleicht
hätte ich das nicht thun sollen. Aber von je waren Sie
mir wie eine Schwester, nie hatt' ich vor Ihnen ein Ge=
heimnis, ich dachte nie daran, daß wir einander etwas zu
verschweigen hätten. Mit Ihnen zu plaudern, mich zu
berathen, Sie zu sehen, Sie um mich walten zu wissen...
es war mir so natürlich, als daß die Sonne aufgeht...
und weil man den Sonnenaufgang so gewöhnt ist, vergißt
man ja wohl seine Herrlichkeit. Heute zum ersten Male
haben Sie ein Geheimnis vor mir, ein Fremder ist zwi=
schen uns... ich habe Sie verloren. Das thut mir weh,
so bitter weh, wie seit dem Tode meiner Mutter nichts,
gar nichts.

Helene. Glauben Sie mir, ich kann nicht anders.

Ferdinand (nimmt seinen Hut und tritt ans Fenster). Dann...
dann will ich nur ein pianissimo abwarten — und gehn.
(Pause.) Ich hätt' es nie geglaubt. Freilich, was bin auch
ich? Ein Freund, weiter nichts. Sehen Sie, Helene, ich
habe Sie sehr lieb. Ich habe Ihnen das in all' den lan=
gen Jahren selten mit Worten gesagt... vielleicht auch
gar nicht... ich bin ein so vergeßlicher Mensch...
(Zum Fenster hinaussehend.) Pianissimo! Die paar Tropfen
werden meinem Hut nichts thun. Leben Sie wohl.

Helene. Ferdinand!

Ferdinand (bleibt an der Thüre stehen). Nun?

Helene. Und wenn es mein Leben kostet — (halb für sich)
vielleicht wird es das — ich kann's Ihnen nicht sagen.
Aber warum wollen Sie deshalb die Worte nicht hören,

3*

die ich sprechen darf? Gehen Sie jetzt nicht fort. Sie
sind erregt. Wenn Sie das nicht wären, so würd' ich es
unverzeihlich finden, daß Sie mich nicht anhören. Wie
können Sie so plötzlich und ohne daß Ihr Herz es befiehlt,
nur weil Sie Ihrer bisherigen Lebensweise müde sind,
über Ihr ganzes Dasein für alle Zeit entscheiden? Sie
schelten mich, daß ich kein Vertrauen zu Ihnen habe. Aber
haben Sie es zu mir? Warum achten Sie meine Worte
keiner Erwiderung werth, wenn ich Sie warne? Was würden
Sie sagen, wenn ich plötzlich mit einem solchen Ent=
schlusse zu Ihnen käme und —

Ferdinand (stellt seinen Hut wieder hin). Sie, Helene? Sie ...
(In höchster Erregung.) Sind Sie verlobt?

Helene. Nein. — Mäßigen Sie sich. Welch' ein Sturm!

Ferdinand. Aber Sie wollen sich verloben?

Helene. Sie haben versprochen, mich nicht zu fragen.

Ferdinand (außer sich). Aber Sie wollen sich verloben?
Sie wollen heirathen?

Helene. Weshalb fragen Sie?

Ferdinand. Weshalb? Weil ich den Mann tödten würde,
der nur Ihre Hand berührt ... den Unwürdigen! Denn
keiner ist Ihrer werth und wär' es der Höchste, der Beste.
Keiner!

Helene. Mit welchem Rechte sprechen Sie so?

Ferdinand. Mit dem Rechte dessen, der ... ja, der Sie
liebt! Der Sie immer geliebt hat, wenn er selbst es auch
erst jetzt erkennt. Mit einem Rechte, das ich mit nie ge=
stillter Sehnsucht, mit ewigem Schmerze werde bezahlen
müssen.

Helene. Das wagen Sie mir zu sagen in derselben
Stunde, wo dort Ihre Braut Ihrer wartet . .

Ferdinand. Braut? — Denken Sie wirklich so gering von mir? Das hab' ich nicht verdient. (Ruhiger.) Ich habe ja nur in Einem gefehlt; darin, daß ich selber gar nicht wußte, wie lieb Sie mir sind. Jetzt aber, wo ich Sie verlieren soll, versteh' ich zum ersten Male mein eigenes Gefühl; jetzt weiß ich, was mich zwei Monde lang umhertrieb in der Welt, was ich draußen finden wollte und nicht fand, weil es hier war, hier in der Heimat . . . jetzt weiß ich, daß ich von je nur Sie geliebt habe und Sie ewig lieben werde. Und nun — leben Sie wohl.

Elfter Auftritt.

Helene. Ferdinand. Elise.

Elise (mit einem Schirme). Entschuldigen Sie, da ist nämlich ein Schirm. Mein Joseph hat ihn mir gerade heraufgebracht im Vorübergehen.

Ferdinand (ungeduldig). Ich danke.

Elise. Entschuldigen Sie, Herr Doctor, gelt, Sie sind so gut und nehmen ihn recht in Acht? Er ist ganz neu. Der Joseph hat nämlich meinen behalten und hat mir einen neuen gekauft, aus Liebe. Schauen Sie, wie schön. (Spannt ihn auf.)

Helene (winkt ihr). Schon gut. (Elise ab.)

Zwölfter Auftritt.

Helene. Ferdinand.

Ferdinand. Sie können lächeln. . . . Oh!

Helene. Weil ich glücklich bin, unendlich glücklich.

Ferdinand. Ich kann es nicht über mich gewinnen, dieses Glückes Zeuge zu sein. Abe.

Helene. Nun denn, so will ich Ihnen, ehe Sie scheiden,

freiwillig sagen, wonach Sie nicht fragen dürfen. Ja, Ferdinand, auch ich kann sprechen, wie einst Sie: amo, ich
liebe. Ich war in Gefahr, ihn zu verlieren, den Mann,
den ich liebe. Und wissen Sie, was ihn mir gerettet hat?
(Nimmt ihm den Hut aus der Hand.) Sein neuer Hut.

    Ferdinand. Sie . . . du . . .

    Helene. Von ganzer Seele, von ganzem Herzen und von
ganzem Gemüthe: ich habe dich lieb.

    Ferdinand. Helene!

                (Der Vorhang fällt rasch.)

                        Ende.

Verlag von Philipp Reclam jun. in Leipzig.

Ermässigter Preis pro Band 2 Mark.

Charlotte Birch-Pfeiffer's
Gesammelte dramatische Werke.

Gesammelte Novellen und Erzählungen
von Charlotte Birch-Pfeiffer.

Reclam's billigfte Klaffiker-Ausgaben.

Börnes gefammelte Schriften. 3 Bände. Geh. 4 M. 50 Pf. —
In 3 eleg. Leinenbänden 6 M.

Byrons fämtliche Werke. Frei überfetzt v. Abolf Seubert.
3 Bände. Geheftet 4 M. 50 Pf. — In 3 eleg. Leinenbänden 6 M.

Gaudys ausgewählte Werke. 2 Bände. Geh. 3 M. — In
2 eleganten Leinenbänden 4 M.

Goethes fämtl. Werke in 45 Bdn. Geh. 11 M. — In 10 eleg.
Leinenbbn. 18 M. — Auswahl. 16 Bbe. in 4 eleg. Leinenbbn. 6 M.

Grabbes fämtliche Werke. Herausgegeben von Rub. Gott-
fchall 2 Bände. Geh. 3 M. — In 2 eleg. Leinenbänden 4 M. 20 Pf.

Grillparzers fämtl. Werke. Herausgeg. v. Dr. Albert Zipper.
6 Bände. Geheftet 4 M. — In 3 eleg. Ganzleinenbbn. 5 M. 50 Pf.

Hauffs fämtl. Werke. 2 Bbe. Geh. M. 2.25. — In 2 eleg. Lbbn. M. 3.50

Heines fämtliche Werke in 4 Bänden. Herausgegeben von
O. F. Lachmann. Geh. 3 M. 60 Pf. — In 4 eleg. Ganzleinenbbn. 6 M.

Herders ausgewählte Werke. Herausgegeben von Ab. Stern.
3 Bände. Geheftet 4 M. 50 Pf. — In 3 eleg. Leinenbänden 6 M.

H. v. Kleifts fämtliche Werke. Herausg. v. Ebuarb Grifebach.
2 Bände. Geh. 1 M. 25 Pf. — In 1 eleg. Leinenband 1 M. 75 Pf.

Körners fämtliche Werke. Geh. 1 M. — In eleg. Lnbb. 1 M. 50 Pf.

Lenaus fämtliche Werke. Mit Biographie herausgeg. v. Emil
Barthel. 2. Aufl. Geh. 1 M. 25 Pf. — In eleg. Lnbb. 1 M. 75 Pf.

Leffings Werke in 6 Bänden. Geheftet 3 M. — In 2 eleg.
Leinenbänden 4 M. 20 Pf. — In 3 Leinenbänden 5 M.

Leffings poetifche und dramatifche Werke. Geheftet 1 M. —
In eleg. Leinenband 1 M. 50 Pf.

Longfellows fämtliche poetifche Werke. Ueberfetzt v. Herm.
Simon. 2 Bbe. Geh. 3 M. — In 2 eleg. Leinenbänden 4 M. 20 Pf.

Ludwigs ausgewählte Werke. 2 Bände. Geh. 1 M. 50 Pf. —
In 1 eleg. Leinenband 2 M.

Miltons poetifche Werke. Deutfch von Abolf Böttger. Geh.
1 M. 50 Pf. — In eleg. Leinenband 2 M. 25 Pf.

Molières fämtliche Werke. Herausgegeben v. E. Schröber.
2 Bände. Geh. 3 M. — In 2 eleg. Leinenbänden 4 M. 20 Pf.

Rückerts ausgewählte Werke in 6 Bänden. Geheftet
4 M. 50 Pf. — In 3 eleganten Leinenbänden 6 M.

Schillers fämtliche Werke in 12 Bdn. Geh. 3 M. — In 3 Halbleinenbbn. 4 M. 50 Pf. — In 4 Ganzleinen- ob. Halbfranzbbn. 6 M.

Shakefpeares fämtl. dram. Werke. Dtfch. v. Schlegel,
Benba u. Vofz. 3 Bbe. Geh. M. 4.50. — In 2 eleg. Leinenbbn. 6 M.

Stifters ausgew. Werke. Mit biographifcher Einleitung herausgeg.
von R. Kleinecke. 4 Bände. Geh. 3 M. — In 2 Ganzlbbn. 4 M.

Uhlands gefammelte Werke in 2 Bänden. Herausgegeben
v. Friebr. Branbes. Geh. 2 M. — In 2 eleg. Leinenbbn. 3 M

Reclam's billigste Klassiker-Ausgaben.

Börnes gesammelte Schriften. 3 Bände. Geh. 4 M. 50 Pf. — In 3 eleg. Leinenbänden 6 M.

Byrons sämtliche Werke. Frei übersetzt v. Adolf Seubert. 3 Bände. Geheftet 4 M. 50 Pf. — In 3 eleg. Leinenbänden 6 M.

Gaudys ausgewählte Werke. 2 Bände. Geh. 3 M. — In 2 eleganten Leinenbänden 4 M.

Goethes sämtl. Werke in 45 Bdn. Geh. 11 M. — In 10 eleg. Leinenbbn. 18 M. — Auswahl. 16 Bbe. in 4 eleg. Leinenbbn. 6 M.

Grabbes sämtliche Werke. Herausgegeben von Rud. Gottschall. 2 Bände. Geh. 3 M. — In 2 eleg. Leinenbänden 4 M. 20 Pf.

Grillparzers sämtl. Werke. Herausgeg. v. Dr. Albert Zipper. 6 Bände. Geheftet 4 M. — In 3 eleg. Ganzleinenbbn. 5 M. 50 Pf.

Hauffs sämtl. Werke. 2 Bbe. Geh. M. 2.25. — In 2 eleg. Lbdn. M. 3.50

Heines sämtliche Werke in 4 Bänden. Herausgegeben von O. F. Lachmann. Geh. 3 M. 60 Pf. — In 4 eleg. Ganzleinenbbn. 6 M.

Herders ausgewählte Werke. Herausgegeben von Ab. Stern. 3 Bände. Geheftet 4 M. 50 Pf. — In 3 eleg. Leinenbänden 6 M.

H. v. Kleists sämtliche Werke. Herausg. v. Eduard Grisebach. 2 Bände. Geh. 1 M. 25 Pf. — In 1 eleg. Leinenband 1 M. 75 Pf.

Körners sämtliche Werke. Geh. 1 M. — In eleg. Lnbb. 1 M. 50 Pf.

Lenaus sämtliche Werke. Mit Biographie herausgeg. v. Emil Barthel. 2. Aufl. Geh. 1 M. 25 Pf. — In eleg. Lnbb. 1 M. 75 Pf.

Lessings Werke in 6 Bänden. Geheftet 3 M. — In 2 eleg. Leinenbänden 4 M. 20 Pf. — In 3 Leinenbänden 5 M.

Lessings poetische und dramatische Werke. Geheftet 1 M. — In eleg. Leinenband 1 M. 50 Pf.

Longfellows sämtliche poetische Werke. Uebersetzt v. Herm. Simon. 2 Bbe. Geh. 3 M. — In 2 eleg. Leinenbänden 4 M. 20 Pf.

Ludwigs ausgewählte Werke. 2 Bände. Geh. 1 M. 50 Pf. — In 1 eleg. Leinenband 2 M.

Miltons poetische Werke. Deutsch von Adolf Böttger. Geh. 1 M. 50 Pf. — In eleg. Leinenband 2 M. 25 Pf.

Molières sämtliche Werke. Herausgegeben v. E. Schröder. 2 Bände. Geh. 3 M. — In 2 eleg. Leinenbänden 4 M. 20 Pf.

Rückerts ausgewählte Werke in 6 Bänden. Geheftet 4 M. 50 Pf. — In 3 eleganten Leinenbänden 6 M.

Schillers sämtliche Werke in 12 Bdn. Geh. 3 M. — In 3 Halbleinenbbn. 4 M. 50 Pf. — In 4 Ganzleinen= ob. Halbfranzbbn. 6 M.

Shakespeares sämtl. dram. Werke. Dtsch. v. Schlegel, Benda u. Voß. 3 Bbe. Geh. M. 4.50. — In 3 eleg. Leinenbbn. 6 M.

Stifters ausgew. Werke. Mit biographischer Einleitung herausgeg. von R. Kleinecke. 4 Bände. Geh. 3 M. — In 2 Ganzlbbn. 4 M.

Uhlands gesammelte Werke in 2 Bänden. Herausgegeben v. Friedr. Brandes. Geh. 2 M. — In 2 eleg. Leinenbbn. 3 M.

a